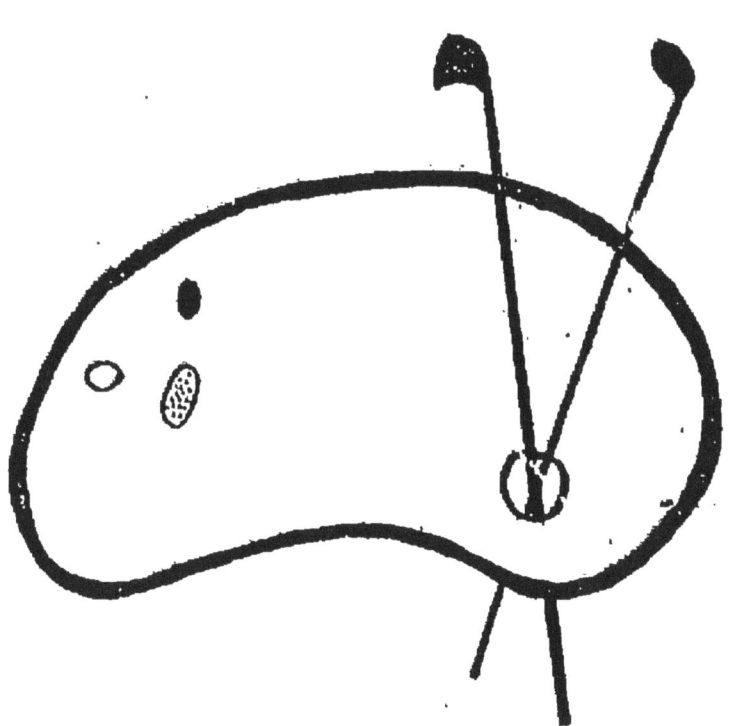

**DEBUT D'UNE SERIE DE DOCUMENTS
EN COULEUR**

CATALOGUE
DES
DESSINS ET ESTAMPES
TABLEAUX, CURIOSITÉS
LIVRES ET AUTOGRAPHES
COMPOSANT LA COLLECTION

DE

M. L. P. M. NORBLIN

DONT LA VENTE AURA LIEU

HOTEL DES COMMISSAIRES-PRISEURS
RUE DROUOT, 5

Salle n. 3, au 1er étage,

LES LUNDI 5 FÉVRIER 1855 ET JOURS SUIVANTS, A MIDI.

Par le Ministère de Me **DELBERGUE-CORMONT**,
Commissaire-Priseur, 8, rue de Provence.

Assisté pour les Dessins et les Estampes, de M. **GUICHARDOT**,
Marchand d'Estampes, 11, rue de Grammont.

Pour les Curiosités, de M. **MANNHEIM**, Marchand de Curiosités,
Expert, 10, rue de la Paix.

Et pour les Livres et Autographes, de M. **AUBRY**, libraire,
16, rue Dauphine.

Chez lesquels se distribue le présent Catalogue.

EXPOSITION PUBLIQUE

Le Dimanche 4 Février 1855, de midi à cinq heures.

Les Autographes seront exposés chez M. Aubry,
les 6, 7 et 8 février 1855,
de une heure à quatre heures.

1855

M. Robertson

IMPRIMERIE ET LITHOG. MAULDE ET RENOU,
r. de Rivoli, 144.

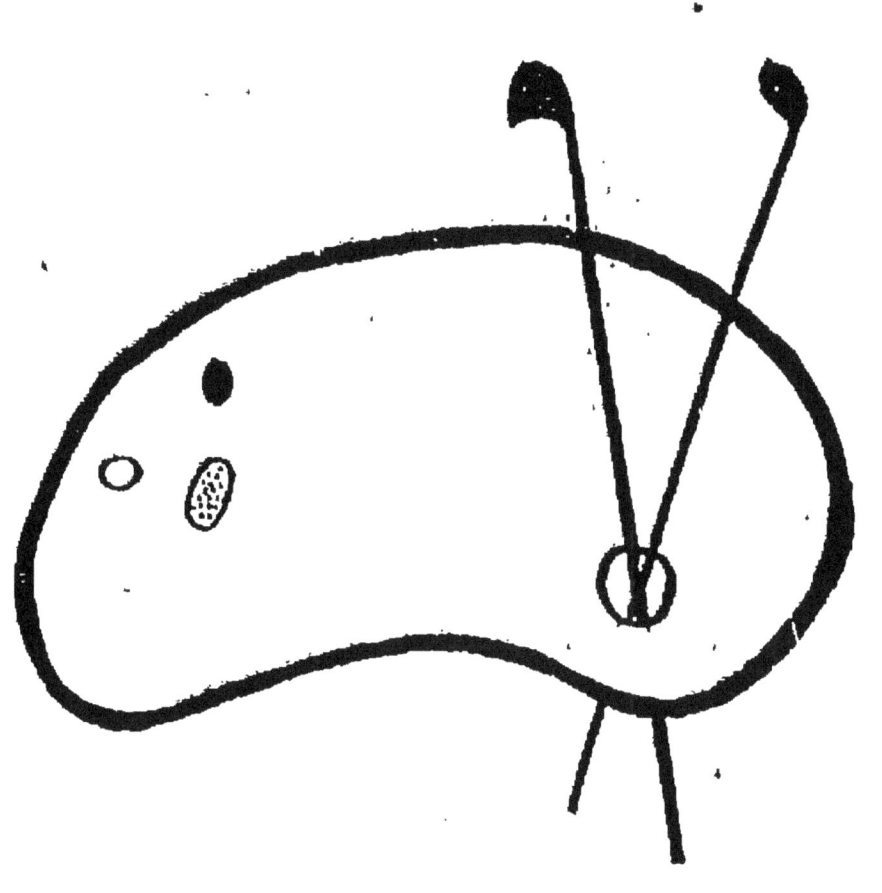

FIN D'UNE SERIE DE DOCUMENTS EN COULEUR

CATALOGUE

DES

DESSINS ET ESTAMPES

TABLEAUX, CURIOSITÉS

LIVRES ET AUTOGRAPHES

COMPOSANT LA COLLECTION

DE

M. L. P. M. NORBLIN

DONT LA VENTE AURA LIEU

HOTEL DES COMMISSAIRES-PRISEURS
RUE DROUOT, 5

Salle n. 3, au 1er étage,

LES LUNDI 5 FÉVRIER 1855 ET JOURS SUIVANTS, A MIDI.

Par le Ministère de M. DELBERGUE-CORMONT,
Commissaire-Priseur, 8, rue de Provence.

Assisté pour les Dessins et les Estampes, de M. GUICHARDOT,
Marchand d'Estampes, 11, rue de Grammont.

Pour les Curiosités, de M. MANNHEIM, Marchand de Curiosités,
Expert, 10, rue de la Paix.

Et pour les Livres et Autographes, de M. AUBRY, libraire,
16, rue Dauphine.

Chez lesquels se distribue le présent Catalogue.

EXPOSITION PUBLIQUE

Le Dimanche 4 Février 1855, de midi à cinq heures.

Les Autographes seront exposés chez M. Aubry,
les 6, 7 et 8 février 1855,
de une heure à quatre heures.

1855

ORDRE DES VACATIONS

On commencera chaque Vacation, à une heure très précise.

Le Lundi 5 Février 1855. — Livres, Curiosités.
Le Mardi 6 Février 1855. — Estampes.
Le Mercredi 7 Février 1855. — Dessins.
Le Jeudi 8 Février 1855. — Continuation des Dessins.
Le Vendredi 9 Février 1855. — Continuation des Dessins et Tableaux.

Les mêmes jours à 7 heures du soir, les autographes.

CONDITIONS DE LA VENTE

...era faite au comptant.

Les acquéreurs paieront, en sus des adjudications, CINQ centimes par franc, applicables aux frais.

Les Autographes seront vendus sans garantie et ne seront pas sujets à rapport.

NOTICE

SUR

M. NORBLIN DE LAGOURDAINE

(Louis-Pierre-Martin).

M. Norblin de Lagourdaine (L.-P.-M), que sa famille et ses nombreux amis ont eu la douleur de perdre il y a quelque temps à peine, n'était pas seulement le célèbre violoncelliste et l'excellent musicien que tout le monde connaissait, il était également un de nos premiers numismates, et un des amateurs les plus distingués des beaux dessins, des belles eaux fortes et de tout ce qui était rare.

Né à Varsovie, le 2 décembre 1781, d'un père français, Jean-Pierre Norblin, peintre des princes Czartorisky et du roi de Pologne, le jeune Norblin travailla d'abord dans l'atelier de son père; mais bientôt son goût pour la musique l'emporta, et venu fort jeune à Paris, il se livra exclusivement à l'étude du violoncelle, fut lauréat du Conservatoire et bientôt professeur lui-même. Accompagnateur exclusif des Viotti, des Rode et des Baillot, il propagea l'étude de la musique sérieuse, et fut apprécié des amateurs des belles traditions.

Cependant la musique ne pouvait absorber tout entier cet esprit d'élite, et tous les moments que laissait libre l'étude du violoncelle, étaient consacrés aux beaux arts. Aimant à s'entourer de tout ce qui était beau, il fit de son intérieur un musée, où les dessins les plus estimés de l'Ecole flamande, hollandaise, italienne et française se mêlaient à ceux si délicats de son père, ce zélé disciple de Rembrandt. Peu de personnes connaissent les dessins du peintre favori du roi de Pologne, et ce sera un véritable bonheur pour les amateurs, de pouvoir admirer le fini d'exécution et la grande manière de M. J.-P. Norblin dans ses dessins comme dans ses eaux fortes.

Ajoutons que celui dont nous déplorons la perte, fut un de nos premiers numismates, et possesseur d'une des belles collections de monnaies françaises et étrangères se trouvant à Paris. Enfin il joignait à tous ses goûts, celui des curiosités, et ne dédaignait pas de réunir des autographes, dont quelques-uns sont dignes de figurer chez les véritables amateurs.

Nous ne terminerons pas ces quelques lignes sans parler l'esprit et de la bonté de M. Norblin, qui donnait tant de charme à ses relations de sa complaisance à aider quiconque s'adressait à lui, des trésors cachés de son bon cœur; mais n'oublions pas qu'il aimait l'ombre et respectons même aujourd'hui cette modestie qui est toujours le plus bel apanage du vrai mérite.

Le Catalogue que nous offrons aux amateurs contient les Dessins, les Estampes, les Curiosités, les Tableaux, les Livres et les Estampes (1). Il serait trop long d'énumérer les belles pièces de cette collection, bornons-nous à appeler l'attention des amateurs sur les noms de Rembrandt, Van de Velde, Boucher, Wateau, Leclerc, Labelle, Van Dyck, Jordaens, Casanove, etc., sur les portraits de Nanteuil, sur l'œuvre de Labelle, un des plus complets qui ait été mis en vente, sur celui de Leclerc, sur Callot; enfin sur les Dessins et Tableaux de M. J.-P. Norblin, et son bel œuvre d'eaux fortes.

Le temps nous a manqué pour faire un catalogue détaillé des autographes et des livres; mais les amateurs pourront les voir et les apprécier avant la vente, par l'exposition qui en sera faite pendant trois jours, chez M. Aubry, libraire, rue Dauphine, 16.

(1) Les médailles seront vendues dans le courant du mois de mars prochain. M. Rollin, chargé de cette vente, en prépare le Catalogue.

DÉSIGNATION

DES

DESSINS ET ESTAMPES

1re Partie

DESSINS

AKEN (J. Van).

1. Trois petits paysages. A la plume et au lavis d'encre de Chine.
2. Trois grands paysages. A la plume et au lavis d'encre de Chine. Ces deux lots seront divisés.

AMAND (Jacques-François).

3. Homme jouant de la basse. Très beau morceau, plein de vérité, exécuté à la sanguine.

ANONYME HOLLANDAIS.

4. Grande pièce où l'on voit des bourgeois armés. A la plume et au lavis d'encre de Chine.

ANONYMES ITALIENS.

5. Un christ sur la croix. Saintes Femmes agenouillées. Sur papier de couleur, rehaussé de blanc au pinceau.

ARPINAS (*Joseph d'*), dit le Joseppin.

6. Femme nue couchée. Au crayon noir et rouge. Très gracieux.

ARTOIS (*Jacques Van*)

7. Paysage. Entrée de bois. A la plume et au lavis d'encre de Chine.

ASSELYN (*J.*).

8. Vue prise en Italie. Lavé à l'encre de Chine. Très joli.

BACCIO BANDINELLI.

9. Feuille d'étude de figures. Au recto, une figure assise; au verso, une figure debout.
10. Etude de deux figures sur la même feuille. Ces deux morceaux sont librement exécutés à la plume.

BACKHUISEN (*Louis*).

11. Joli petit paysage. A la plume, lavé à l'encre de Chine (Cabinet Révil).

BARBIERI (*Jean-François*), dit le Guerchin.

12. Sujet d'histoire profane. Belle composition de cinq figures. A la plume et au lavis de bistre.
13. Saint Jérôme. A la plume, lavé au bistre et d'une belle exécution.

BAUDOUINS ou BAUDUINS (*Ant.-Franç.*).

14. Paysage en largeur. A la sanguine lavée.
15. Autre paysage. A la plume et au lavis rehaussé de blanc, sur papier de couleur.

BELLA (*Steph. della*).

16. Deux cent quatre dessins qui pour la plupart ont été gravés. A la plume, d'une spirituelle exécution. Cel ot sera divisé.

BERGHEM (*Nicolas*).

17. Une vache. Aux crayons noir et rouge. Très fin.
18. Paysage très pittoresque où l'on remarque vers la gauche un berger assis à l'ombre de grands arbres et gardant ses moutons. Morceau très capital et d'un grand effet. A la plume et lavé au bistre. Cabinet Révil. Ce dessin a coûté 900 fr.
19. Passage d'un gué. A la sanguine.

BERRETTINI (*Pierre*), dit Pietro de Cortone.

20. Entrevue de Coriolan et de sa mère. Belle composition en forme de frise. A la plume et au lavis, rehaussé de blanc.

BLOEMEN (*Van*), dit Horizonti.

21. Paysage en couleur, de forme ronde. Très terminé.
22. Trois autres dessins, ornements, architecture, etc. A la plume et au lavis d'encre de Chine.

BOISSIEU (*J.-J. de*).

23. Vue du château de Madrid, près le bois de Boulogne. Belle étude d'après nature. A la plume et au lavis d'encre de Chine.

BOILLY.

24. Enfant vu de face, la tête appuyée sur sa main gauche. Au crayon noir et à l'estompe, rehaussé de blanc.

BOL (*Ferd.*).

25. Saint Jérôme.
26. Sujet biblique. A la plume et au bistre.

BOSCOLI (*André*).

27. Sainte-Famille. A la sanguine lavée.

BOSSE (*Abraham*).

28. Deux dames en costume du temps. 2 pièces en hauteur, spirituellement exécutées à l'encre de Chine.

BOTH (André).

29. Sujet de trois figures, habilement exécuté au lavis d'encre de Chine, mêlée d'indigo.

BOTH (Jean).

30. Paysage en hauteur. Au crayon noir, lavé à l'encre de Chine.
31. Autre paysage en largeur. A la plume.
32. Autre en travers, avec marche d'animaux. Spirituellement exécuté à la pierre d'Italie, lavé à l'encre de Chine.

BOUCHARDON (Edme).

33. Femme couchée. Belle étude à la sanguine.
34. Quatre dessins à la sanguine, dont le frontispice des Œuvres de Vitruve. Ce lot pourra être divisé.
35. Deux études d'enfants très grassement faites. A la sanguine.
36. Camée antique.
37. Femme couchée. A la sanguine.

BOUCHER.

38. Enfants faisant de la musique. Ovale en travers, aux crayons noir et blanc sur papier bleu.
39. L'annonce aux bergers de la venue du Christ. Charmante composition à la sanguine.
40. Tête de femme d'une charmante expression, et de grandeur naturelle. Aux crayons noir et blanc sur papier blanc.
41. Les Trois Grâces et l'Amour. Charmante composition aux crayons noir et blanc sur papier de couleur.

BOURGEOIS (Constant).

42. Vue d'un couvent situé au sommet d'une colline boisée. Au bistre, finement exécuté.
43. Vue d'Italie. Grand paysage lavé au bistre et d'un bel effet.

BRÉEMBERG (*Bartholomé*).

44. Vues d'Italie. Sept dessins lavés au bistre (Cet article sera divisé).
45. Vue des cascades de Tivoli. Grand dessin en hauteur. A la plume et lavé au bistre.

BREUGHEL DE VELOURS.

46. Paysage d'une grande étendue. A la plume et légèrement lavé en couleur.
47. Autre. Vue d'un canal en Hollande. A la plume et lavé au bistre. Collections Lempereur et Lagoy.
48. Autre en hauteur. Halte de voyageurs. A la plume et lavé en couleur.

BRILL (*Mathieu*).

49. Paysage avec un grand nombre de figures. Effet d'hiver. A la plume et lavé à l'encre de Chine et au bistre. Collection Lagoy.

CABEL (*Van der*).

50. Petit paysage avec figures et animaux. Au lavis d'encre de Chine. Plus la gravure d'après le dessin, par Leveau.

CADÈS (*Joseph*).

51. Danse d'Amours. Librement exécuté à la plume et lavé en couleur.

CALLOT (*Jacques*).

52. Six petits sujets. Les uns à la pierre noire lavés au bistre et les autres à la plume.

CAMUCCINI.

53. Sainte-Famille. A la plume et au lavis d'encre de Chine.

CANTA GALLINA.

64. Paysage, librement exécuté à la plume. Cabinet Denon.

CARRACHE (*Annibal*).

55. Sujet religieux. Composition de sept figures largement exécutée à la plume et au lavis, sur papier roux, rehaussée de blanc.

CASANOVA.

56. Deux batailles. Beaux morceaux en pendant. Au lavis, rehaussés de blanc.
57. Chocs de cavalerie. 2 dessins à la gouache, d'un grand effet et d'une exécution remarquable.
58. Six sujets de chasse à l'épervier, peints à la gouache, et destinés à orner une boîte.
59. Choc de cavalerie. Production très énergique; au lavis, rehaussé de blanc, au pinceau, et sur papier de couleur.

CASTIGLIONE (*Benedetto*).

60. Sainte-Famille dans le désert. Au bistre.

CHAMPAGNE (*Philippe de*).

61. Beau portrait d'homme. A la pierre d'Italie et au lavis d'encre de Chine.

CHARDIN (*Jean-Baptiste-Siméon*).

62. Portrait d'une dame assise et dessinant. Beau morceau à la sanguine.
63. Sujet de trois figures. Charmante composition exécutée aux crayons noir, rouge et blanc, sur papier gris.
64. Buste de nègre vu de profil, tourné à droite. A la sanguine.

COCHIN (*Charles-Nicolas*).

65. Scène de la Fronde, représentant La Belle, célèbre graveur, sauvé par la présence d'esprit d'une femme. Au crayon brun. Charmante composition.

COURTOIS (Jean), dit le Bourguignon.

66. Sujets militaires. 2 pièces. A la plume et lavis d'encre de Chine.

CUYP (Albert).

67. Lisière d'un bois. Riche paysage au crayon noir et lavé d'encre de Chine et de couleur.
68. Un croquis de divers animaux à la pierre noire.

DEMARNE (Jean-Louis).

69. Paysage et animaux. 2 pièces lavées à l'encre de Chine.
70. Paysage, croquis et animaux. 3 pièces à la plume et au lavis d'encre de Chine.
71. Huit croquis. Sujets de figures, animaux et paysages.

DYCK (Ant. Van).

72. La Vierge les yeux levés au ciel. Tête d'une grande expression. Au crayon noir, très vivement faite.
73. Deux feuilles d'étude représentant deux têtes de vieillard. A la plume.
74. Autre feuille d'étude représentant la tête de la Vierge et une tête d'homme. Au lavis de bistre.

DIETRICY.

75. Joli paysage à la plume et au bistre (Cabinet Mariette).
76. Etudes et paysages. 4 pièces. Ce lot sera divisé.
77. Saint Philippe baptisant l'eunuque de la reine de Candas. A la plume et lavé au bistre.
78. Sujet religieux. Composition de six figures. Spirituellement indiqué à la mine de plomb.

DOMMER.

79. Paysages. 2 pièces. A la plume et au lavis.
80. Un grand paysage. Sur le devant une figure assise. A la plume, lavé au bistre; d'un bel effet.
81. Paysage d'un grand effet. A la plume et lavé au bistre.

DONATO CRETI.

82. Feuille de six têtes d'étude. A la plume.

DUMOUSTIER.

83. Portrait d'un homme de guerre. Aux crayons noir et rouge; très terminé.
84. Portrait d'une dame de la cour. Aux crayons noir et rouge.
85. Portrait d'homme à longue barbe. Au crayon noir et à la sanguine.
86. Portrait d'un homme chauve à longue barbe blanche. Aux trois crayons. Beau.

DUSART (*Corneille*).

87. Un marché aux cochons. Spirituellement indiqué à la plume, lavé à l'encre de Chine et au bistre.

EVERDINGEN.

88. Un paysage. A la plume et au lavis de bistre.
89. Autre paysage. A la plume, lavé à l'encre de Chine. Ces deux morceaux sont charmants.

FLAMEN (*Albert*).

90. Sujets divers et feuilles d'étude. 7 pièces à la plume.

FRAGONARD (*Jean-Honoré*).

91. Jeune fille épelant ses lettres. Lavé au bistre; ravissant échantillon du maître.
92. L'Adoration des Mages. Au bistre; chaleureusement exécutée.
93. Portrait de Françoise d'Isembourg, dame de Graffigny. Au lavis de bistre.

GENOELS.

94. Paysages. 2 pièces lavées à l'encre de Chine.

GÉRICAULT.

95. Paysage. Labourage dans la campagne de Rome. A la plume et au lavis d'encre de Chine, mêlé au bistre.

GHEYN (J.).

96. Sujet allégorique. Ce morceau très énergiquement traité à la plume, porte la signature du maître et la date *1610*.

GŒRÉE (J.).

97. Cinq sujets de figures et d'ornements. A la plume et au lavis d'encre de Chine.

GOUJON (Jean).

98. Etudes sur la même feuille de deux statues de femmes drapées. Lavé au bistre. Charmant et rare dessin.

GOYEN (Van).

99. Paysages avec figures. 3 pièces lavées d'encre de Chine. Cet article sera divisé.

GREUZE (J.-B.).

100. Etude d'homme renversé à terre. Largement fait à la sanguine lavée.
101. Tête d'enfant. Belle étude d'après nature. A la sanguine.
102. Tête de vieillard. Etude pour son tableau du paralytique. A la sanguine.
103. Autre tête de vieillard, d'un beau caractère. Au crayon brun.

HOBBEMA (Minder).

104. Vue prise en Hollande. Belle étude d'après nature; lavée à l'encre de Chine.

HOGARTH (William).

105. Deux caricatures. A la plume, lavées en couleur.

HOOGSTRAATEN.

106. Portrait d'un jeune homme assis et écrivant. A la plume, lavé au bistre.
107. Jésus chez Marthe et Marie. Composition d'un grand effet à la plume, lavée au bistre.

HUET (J.-B.).

108. Une tête de cheval et une tête d'âne. 2 études aux crayons noir et blanc, sur papier bleu.

JORDAENS.

109. Sujet historique. Aux crayons noir et rouge, et au lavis de bistre et d'encre de Chine, rehaussé de blanc. Cabinet Lagoy.
110. Sujet mythologique. Belle composition de onze figures. Aux crayons noir et rouge, lavé en couleur.

KLINGEL (Jean Christian).

111. Riche paysage orné de figures et animaux. Au crayon noir, lavé en couleur.
112. Autre paysage avec pêcheur à la ligne. A la plume, lavé au bistre.

KOBELL (Ferdinand).

113. Paysage pittoresque. A la plume.

LA FAGE (Rémond).

114. Les pestiférés. Composition très capitale. A la plume et au lavis d'encre de Chine.

LANTARA (Mathurin).

115. Paysage avec moulin à vent. A la mine de plomb et à la pierre d'Italie. Très terminé.
116. Paysage avec rivière et moulin. A la pierre d'Italie; étude d'après nature.
117. Deux grands paysages très capitaux, faisant pendant. Aux crayons noir et blanc, sur papier bleu.

118. Joli petit paysage avec pont. A la plume et à la pierre d'Italie.

118 *bis*. Autre petit paysage de forme ronde. A la pierre d'Italie.

119. Charmant petit paysage représentant un orage. A la mine de plomb, sur peau de vélin.

119 *bis*. Autre petit paysage d'une forme ronde. A la mine de plomb.

LANGENDYCK (*Dirch*).

120. Vue d'une place de Hollande, ornée d'un grand nombre de figures. Morceau très fin d'exécution, à la plume, lavé à l'encre de Chine.

LARUE (*Louis de*).

121. Une bataille. A la plume et au lavis de bistre.
122. Halte de soldats devant un cabaret. A la plume, lavé à l'encre de Chine.
123. Deux groupes d'enfants, en pendant. A la plume et au lavis d'encre de Chine.
124. Etudes de figures mythologiques. A la sanguine et à la plume, lavé à l'encre de Chine et au bistre.

LECLERC (*Sébastien*).

125. Soixante-treize dessins divers, presque tous gravés. Ce lot sera divisé.

LEONE (*Ottavio*).

126. Enfant jouant avec un chien. Aux crayons noir, rouge et blanc, sur papier gris.
127. Portrait d'homme. Aux crayons noir, rouge et blanc.

LE PRINCE (*Jean-Baptiste*).

128. Paysages avec pêcheur à la ligne. A la plume et au lavis de bistre.

LIVINS (*Jean*).

129. Un paysan et un enfant. Exécuté à la plume de roseau avec du bistre.

LOIR (*Nicolas*).

130. Etude d'ornements. A la plume lavé en couleur. Sur la même feuille, étude d'animaux d'un maître inconnu.

LOUTHERBURG (*Jacques-Philippe*).

131. Homme représenté debout, cherchant à ouvrir une porte. Morceau piquant d'effet à la plume, lavé au bistre.

LUYKEN (*Jean*).

132. Quatre sujets de l'Histoire-Sainte. A la plume, lavis au bistre ou à l'encre de Chine.

MAAS (*Dirck*).

133. Feuille d'étude représentant des chevaux et des cavaliers.

MAAS (*Nicolas*).

134. Jeune homme faisant des bulles de savon. Charmante étude d'après nature. Lavé au bistre.

MAZZUOLI, dit le Parmesan.

135. Une femme montre une gloire d'anges à un homme qui joint les mains. A la sanguine et lavé au bistre.

MEER DE JONGHE (*van der*).

136. Deux grands et riches paysages en pendant. Très soigneusement exécutés au lavis d'encre de Chine.

METZU (*Gabriel*).

137. Etude de paysan courbé. Aux crayons noir et blanc, sur papier bleu.

MEULEN (Ant.-Franç. van der).

138. Sujet militaire. A la mine de plomb.
139. Armée en campagne. Riche composition à la plume, lavé au bistre et à l'encre de Chine.
140. Halte de chasse. A la sanguine.

MEYER (F.).

141. Mêlée à la porte d'un cabaret. A la plume et à la gouache.
142. Trois autres. Au bistre et à l'encre de Chine.
1443. Trois autres représentant des paysages. Au lavis de bistre et d'encre de Chine.

MIEL (Jean).

144. Figure d'homme représenté debout. Aux crayons noir et blanc, sur papier gris.

MIERIS (Guillaume).

145. Figure allégorique de la Vérité. A la sanguine et au crayon noir, lavé d'encre de Chine.

MOLA (Pierre-François).

146. La Fuite en Egypte. Belle étude à la plume et au lavis de bistre.

MOLYN (Pierre).

147. Paysages et figures. Exécutés à la pierre noire, à la plume, et lavés ; 6 pièces. Ce lot sera divisé.

MOUCHERON (Frédéric).

148. Paysage avec un four à plâtre. Au lavis, et un autre attribué à ce maître. 2 pièces.
149. Paysage pittoresque avec une grande étendue de pays. A la plume et lavé au bistre et à l'encre de Chine.

MOUCHERON (Isaac).

150. Riche paysage orné d'architecture. A la plume et lavé en couleur.

NATOIRE (*Charles*).

151. Femme nue et assise. Jolie étude d'après nature; à la sanguine, sur papier roux.

NEYTS (*Gilles*).

152. Etude de paysage d'après nature. A la plume et au lavis d'encre de Chine.

NICOLLE (*Victor*).

153. Vue prise à Rome. A la plume et lavé en couleur; d'un très bel effet.

NORBLIN (*Jean-Pierre*).

154. Portrait de l'auteur dans son atelier; effet de soleil couchant.
155. Le Christ présenté au peuple. Riche composition *exécutée en grisaille*, et qui a servi à l'auteur pour graver la planche qui est la pièce capitale de son œuvre. Ce beau morceau porte au verso une note autographe de l'auteur ainsi conçue : *50ʰ parce que c'est le meilleur dessin que j'ai fait selon ma façon de penser.*
156. La Femme accusée devant les anciens du peuple. Belle composition d'un grand effet, également en grisaille.
157. Suzanne et les Vieillards. Composition dans le goût de Rembrandt, exécutée de la même manière et avec autant de talent que les deux précédentes.
158. La Résurrection de Lazare. Composition pleine d'esprit et d'effet, en grisaille. Ce morceau a servi à l'auteur pour l'estampe de la *Petite Résurrection*, qui se trouve dans son œuvre.
159. Naaman vient trouver le prophète Elisée pour être guéri de la lèpre. Belle et riche composition, exécutée comme la précédente.
160. Une élection en Pologne. Composition d'une immense quantité de figures; à la plume, lavé à l'encre de Chine et au bistre.

161. Jeune fille assise dans un appartement, lisant à la lueur du feu d'une cheminée. En grisaille : a été gravé par l'auteur.

162. Une femme assise dans un intérieur. Effet piquant de lumière ; à la plume, lavé à l'encre de Chine mêlée de bistre.

163. Une femme portant de la main gauche une chaise, et de l'autre une lanterne ; à côté d'elle un enfant soulevant un panier. Charmant effet de nuit en grisaille.

164. Le Serment du Jeu de Paume. Cette composition, inspirée de celle de David, est à la plume et au lavis d'encre de Chine.

165. Fêtes, l'une à Peslavy, l'autre à Bielany, lieux de plaisance en Pologne. Ces deux belles compositions, à la plume et au lavis d'encre de Chine et de bistre, sont dignes des plus grands maîtres.

166. Vue d'un parc. Vieillard assis dans une chambre. 2 pièces sur une même feuille ; à la plume, la première lavée à l'encre de Chine, et la deuxième au bistre.

167. Paysages et sujets divers. 9 pièces ; sera divisé.

168. Un marché à Provins. Composition très capitale ; à la plume et au lavis d'encre de Chine et de bistre.

169. Une foire à Lenczna (Pologne), le 1er septembre 1803. Riche composition, très spirituellement exécutée au lavis d'encre de Chine.

170. Deux grandes batailles des premiers temps de la République. A la plume, lavé à l'encre de Chine.

171. Sous ce numéro, pulsieurs estampes de l'auteur, teintées par lui, et plusieurs compositions que le temps nous a empêchés de cataloguer.

ORNEMENTS.

172. Vingt-six sujets d'ornements avec figures, par différents maîtres. Cet article sera divisé.

OST (*les van*).

173. Deux sujets de figures. A la plume, lavés, l'un au bistre et rehaussé de blanc, l'autre à l'encre de Chine.
Plus un sujet de figures et d'animaux à la sanguine, lavé, par Ossenbeeck.

OSTADE (*Adrien van*).

174. Buveurs et fumeurs. 5 pièces à la plume et lavis, dont deux en couleur. Ce lot sera divisé.

PAGANI.

175. La Vierge et l'Enfant-Jésus. Charmante composition; à la plume, lavée au bistre et rehaussée de blanc.

PALMERIUS.

176. Paysage de forme ronde, très terminé à la plume.

PARROCEL (*Charles*).

177. Marche d'armée. A la plume, lavé en couleur.

PASSAROTI (*Bartholomé*).

178. Saint Pierre et saint Augustin. 2 très belles études sur la même feuille; à la plume, lavées au bistre. Cabinet Lagoy.

PASSAROTTI.

179. Etude de femme vue de dos. A la plume.

PASSIGNANO (*Domenico*).

180. Jésus portant sa croix. Au crayon noir, sur papier de couleur, et rehaussé de blanc. Porte la marque de Mariette.

PERIGNON (*Nicolas*).

181. Paysage. Lavé de Chine; 2 pièces.
182. Vue d'un village avec une rivière qui fait chute d'eau. Lavé à l'encre de Chine et légèrement colorié.

PERRELLE.

183. 43 dessins, paysages et autres. A la plume. Ce lot sera divisé.

PICART (*Bernard*).

184. Le Jeu de l'Hombre, le Jeu du Pied de Bœuf, Jolies compositions très terminées ; à la plume et au lavis d'encre de Chine.

PIERRE DE LAER dit le BAMBOCHE.

185. Un Gueux. Au lavis d'encre de Chine.

PLONSKI (*Michel*).

186. Cavalier dans un paysage, d'après un tableau de Rembrandt. Lavé au bistre et un peu colorié.
187. Femme assise et lisant la tête appuyée sur sa main droite. A la plume et à la mine de plomb.
188. Feuille d'étude représentant des figures et des animaux. A la plume.

PLONSKI (*Antoine*).

189. Jacob bénissant les enfants de Joseph, en présence de leur père et de leur mère, d'après le tableau de Rembrandt. Au bistre.
190. Le bon Samaritain. Exécuté au bistre et en couleur, d'après le tableau de Rembrandt.

POELEMBOURG.

191. Paysages avec ruines. A la plume et lavé d'encre de Chine ; 2 pièces.

On a joint une estampe gravée par Morin, d'après le tableau pour lequel une des deux études avait été faite.

POUSSIN (*Nicolas*).

192. La Madelaine au pied de la croix. Admirablement exécuté à la plume, soutenu très énergiquement d'un lavis de bistre, parfaitement conservé. Cabinet Lagoy.

RADEMAKER (*Abraham*).

193. Joli paysage. A la sanguine et à la plume et lavé au bistre.

REMBRANDT (*van Ryn*).

194. Un homme agenouillé. Au crayon noir.
195. Saint Jérôme. A la plume et lavé à l'encre de Chine, dessin très fin et d'une grande expression.
196. Isaac bénissant Jacob. A la plume : beau croquis.
197. Anachorète dans sa grotte. A la plume et lavé de bistre; dessin d'une belle expression et d'un grand effet.
198. Petit paysage. Fait à la plume de roseau; beau croquis.
199. Un Lion couché. Belle étude d'après nature; à la plume et lavé au bistre.
200. Une femme malade s'appuyant sur un oreiller. Morceau plein d'expression; à la plume et au lavis.
201. Jésus prêchant sur les marches du Temple, en présence d'un nombreux auditoire. Riche composition; à la plume de roseau et lavée au bistre.

RIETSCHOOF (*H.*).

202. Deux marines. Lavé à l'encre de Chine; sera divisé.

ROBERT (*Hubert*).

203. Une grande fontaine avec figure de femme portant un vase sur sa tête. A la sanguine.

ROOS (*Henri et Philippe*).

204. Paysage et animaux, par J. H. Roos; 2 feuilles d'études représentant des animaux, par Philippe. Ensemble, 3 pièces.

RUYSDAEL (*Jacques*).

205. Paysage très vigoureux. Au crayon noir, lavé d'encre de Chine.

206. Autre paysage représentant une chaumière sous de grands arbres. Au crayon noir, lavé d'encre de Chine.

SAFT LEVEN ou ZACHTLEVEN (*Herman*).

207. Paysages. Au crayon noir et au lavis de bistre et d'encre de Chine ; 3 pièces. Ce lot sera divisé.

SAFT LEVEN ou ZACHT LEVEN (*Corneille*), frère du précédent.

208. Un chat accroupi. Largement fait à la pierre noire et au lavis.

SALAERT (*Antoine*).

209. Feuille d'étude représentant trois arquebusiers. Au crayon noir et à la sanguine.

SALVATOR ROSA.

210. L'Échelle de Jacob. A la plume ; très énergique.
211. Paysage avec figures. D'une exécution très énergique. à la sanguine et lavé de bistre.

SALVIATI (*François*).

212. Sujet religieux. A la plume et au lavis de bistre.

SCHELLINKS (*Guillaume*).

213. Intérieur d'une cour de ferme. Au crayon noir et lavé d'encre de Chine.

SILVESTRE (*Izrael*).

214. Vue du château de Liancourt du côté des cascades. Très terminée à la plume.

SNEYDERS (*François*).

215. Têtes d'animaux. 4 morceaux ; à la plume et au bistre.

SOLIMÈNE (*François*).

216. Combat des Centaures et des Lapithes. Belle composition ; à la plume, lavée de bistre.

STRY (A. Van).

217. Homme assis devant une cheminée, près d'une table. Au crayon noir.

STORCK (Abraham).

218. Deux jolies marines. A la pierre d'Italie et au lavis d'encre de Chine.

SWEBACH.

219. Paysages avec figures et chevaux. Trois pièces ; à la plume et au bistre.

TAUNAY.

220. Paysage. Vue d'Italie avec aqueduc. A la plume et au lavis de bistre et d'encre de Chine.

TENIERS (David).

221. Vue d'un village. Spirituellement exécuté à la mine de plomb, et lavé à l'encre de Chine.

TESTA (Pietro).

222. Sainte-Famille. A la plume, lavé de bistre, sur papier bleu, rehaussé de blanc.

TITIEN (Tiziano Veccellio dit le).

223. Fgures académiques d'homme. 3 dessins à la plume ; pleins d'énergie.

TOPFER (A.).

224. Un paysage avec figures. Lavé à la sépia.
225. Autre paysage avec une figure à droite. Lavé à l'encre de Chine.

TOUZÉ.

226. Dame assise. A la pierre noire.
227. Enfants jouant à la procession. Charmante pièce ; à la plume, lavée à l'encre de Chine.

VANLOO (*Carle*).

228. Tête de femme. Belle étude d'après nature ; au crayon brun.

VECCELLI (*dit le Titien*).

229. Sujet religieux. Belle composition, exécutée à la plume.

VAN DE VELDE (*Adrien*).

230. Feuille d'étude de Chien, d'après nature. A la sanguine.
231. Etude d'après nature, représentant un homme assis. A la sanguine.
232. Etude d'après nature, représentant une femme nue tenant une flèche. A la sanguine.

VELDE (*Adrien Van de*).

233. Marine ; un yacht avec chaloupe se voit sur le devant. Spirituellement exécuté à la plume, et lavé à l'encre de Chine.

VELDE (*Esaie van de*).

234. Paysage avec figures et animaux. A la plume et au lavis.

VELDE (*Guillaume Van de*).

235. Grande et belle marine. A la plume et au lavis d'encre de Chine.
236. Marine avec un grand nombre de bâtiments divers. A la plume, lavé à l'encre de Chine, et de la plus belle exécution du maître.

VERNET (*Joseph*).

237. Peintre dans son atelier. Etude spirituelle faite au lavis d'encre de Chine.
238. Paysage avec pêcheur à la ligne. A la pierre d'Italie.
239. Etude d'arbres au bord de l'eau. Belle étude à la plume, lavée au bistre et à l'encre de Chine.

VERONÈSE (*Paul*).

240. Tête de nègre. Etude d'après nature ; à la sanguine lavée.

VERSCHURING (*Henri*).

241. Halte de chasse près d'une fontaine. Au lavis d'encre de Chine.
242. Épisode de bataille. Lavé à l'encre de Chine.

VITELLI (*Van Gaspard*) et VASI (*Joseph*).

243. Vues du fort Saint-Ange et de fabriques. A la sanguine, lavés à l'encre de Chine. Plus une vue d'Italie, par G. Vasi ; à la pierre noire.
244. Vue d'un palais. Très délicatement fait à la plume, lavé à l'encre de Chine.

VLIEGER (*Simon*).

245. Paysage. Au crayon et au lavis d'encre de Chine.
246. Scène d'hiver. Patineurs et traîneau, charmante pièce; à la plume et au lavis d'encre de Chine.

VOS (*Martin de*).

247. Deux sujets représentant des solitaires. A la plume et lavés au bistre. On y a joint les deux estampes gravées par R. Sadeler.
248. Saint Hubert à la chasse. Joli morceau; à la plume, lavé à l'encre de Chine.

WAGNER (*G. G.*).

249. Paysages avec figures et animaux. 6 pièces ; au lavis d'encre de Chine. Ce lot sera divisé.
250. Paysage à la gouache.

WATEAU (*Antoine*).

251. Enfant coiffé d'une toque. Aux crayon noir et rouge de la belle manière du maître.

252. Un homme debout jouant du basson. Au crayon noir et à la sanguine lavée ; morceau spirituellement exécuté.
253. Tête de femme enveloppée d'une mante. Au crayon noir et rouge.
254. Un paysage. Charmante composition, où l'on voit deux figures ; à la sanguine. Au verso, une tête d'homme. A la mine de plomb et à la sanguine.
255. Deux études de têtes. A la sanguine, d'après Rubens.
256. Deux autres études de têtes d'homme, aussi d'après Rubens. A la sanguine.
257. Paysage avec deux figures, dont un jeune homme qui joue du violon. A la sanguine, d'après Le Titien.

WATERLOO (*Antoine*).

258. Paysages. 2 charmantes pièces ; au crayon noir, et lavé à l'encre de Chine mêlée de bistre.

WERNER (*Joseph*).

259. Etudes de figures et ornements. 4 pièces.
260. Etudes de figures d'animaux et ornements. 4 pièces.

WOUVERMANS (*Philippe*).

261. Feuille d'études de chevaux avec cavaliers. Spirituellement exécutée ; à la plume.

WYCK (*Thomas*).

262. Vues de fabriques, d'après nature. 2 études; au lavis et à l'encre de Chine.
263. Nature morte représentant divers bagages. Etude lavée à l'encre de Chine, d'un très-bel effet.
264. Intérieur d'une chaumière. Etude d'après nature ; au lavis d'encre de Chine.

ULFT (*Jacques Van der*).

265. Paysage d'après nature représentant une vue d'Italie. A la plume et lavé au bistre.

266. Un autre représentant une vue de Hollande, de même exécution. Ces deux morceaux sont d'un effet très piquant.
267. Vue prise à l'entrée d'une ville de Hollande, d'un bel effet de lumière. A la plume et lavé au bistre. Cabinet Lagoy.

ZÉEMAN (*Reinier*).

268. Jolie marine. A la plume et au lavis d'encre de Chine. Cabinet Lagoy.

ZUCCARO.

269. Tête de guerrier vue de face. A la pierre d'italie et à la sanguine.
270. Sous ce numéro, il sera vendu un grand nombre de dessins non catalogués.

2ᵉ Partie

ESTAMPES

BELLE (*Etienne de La*).

1. Son œuvre, au nombre de plus de 1,500 pièces, remarquable par la beauté des épreuves, la grande quantité de pièces avant la lettre ou avec remarques, parmi lesquelles les jeux de la géographie, des reines et des rois, les fables, la vue du Pont-Neuf, 1ᵉʳ état, les petits animaux, etc., etc.

Cet œuvre sera divisé en suivant les numéros du Catalogue de Jombert.

BERGHEM (*Nicolas*).

2. La Vache qui s'abreuve (B. 1).

BOLSWERT (*Schelte, à*).

3. Le Serpent d'airain, d'après Rubens.

BOTH (*Jean*.

4. Dix paysages (Bartsch, du n° 1 à 10).

CALLOT (*Jacques*).

5. La Tentation de Saint-Antoine. Belle épreuve; elle est cartonnée.

6. Le Parterre du palais de Nancy. Belle épreuve du 1ᵉʳ état, avant l'adresse d'Israël Silvestre, vers le milieu du bas de la marge inférieure; elle est montée en dessin à la manière de Glommy.

7. *Carière et rue Neuve de Nancy où se font les jouxtes et tournois, combats et autres jeux de récréation.* Épreuve du 1ᵉʳ état, avant l'adresse d'Israël Sylvestre, au milieu de la marge du bas. Elle est montée comme la précédente.

8. *Les images de tous les saincts et sainctes de l'année, suivant le martyrologe romain, faictes par Jacques Callot, dédiées à Monseigneur le cardinal duc de Richelieu. A Paris, chez Israël Henriet, 1636.*

Quatre cent quatre vingt-deux pièces, y compris le titre et la planche représentant la Vierge qui reçoit les saints dans le ciel.

Plus les douze mystères, ou fêtes mobiles. En tout 494 pièces, en 1 vol. in-4, cartonné. Belles épreuves.

DERUET (*Claude*).

9. Vue de la carrière, ou rue Neuve de Nancy (R.-D. 3). *Pièce très rare.* Belle épreuve.

DIVERS.

10. Un volume contenant un grand nombre d'estampes, paysages et sujets par Jean et Isaïe, Van de Velde, Castiglione et autres.
11. Un grand nombre de pièces par Jacques et Marvy.
12. Grand nombre de gravures anglaises.
13. La Doctrine des mœurs, tirée de la philosophie des stoïques, représentée en cent tableaux.
    A Paris, chez Pierre Daret (1646), 1 vol. in-fol. Ancienne reliure.

DUPLESSIS-BERTAUX (J.).

14. Recueil de cent sujets divers, en 1 vol. in-4 obl. Edition 1814.

EDELINCK (*Gérard*).

15. Mouton (Charles), musicien de Louis XIV (R.-D. 281).

FABER (*Frédéric*).

16. Trois paysages avec figures et animaux. Eaux-fortes spirituelles.

FICQUET (*Etienne*).

17. Charles Eisen. Belle épreuve.
18. Jean-Baptiste Rousseau. Epreuve avant toutes lettres.
19. Jean Lafontaine. Epreuve avant les derniers travaux, dite au ruisseau blanc.
20. F. de Lamotte le Vayer. Belle épreuve avant la lettre.
21. Antoine-François Van der Meulen. Belles épreuves avant toutes lettres.

GAUCHER (*Charles*).

22. Marie Leszczynska, d'après J.-M. Nattier. Belle épreuve.

GAULTIER (*Léonard*).

23. Portrait en ovale de Josias Berault.

GOUDT (*Henri*).

24. Tobie et l'ange. Effet de nuit. Très belle épreuve, avec de grandes marges.

HUGTEMBURG (*Jean Van*).

25. Chevaux d'après Vander Meulen. 9 pièces.

LECLERC (*Sébastien*).

26. Œuvre de Leclerc, composé de 1,940 pièces, y compris les épreuves doubles, avec différence.

LIVINS (*Jean*).

27. La Résurrection du Lazare (B. 3).
    Buste d'un oriental (B. 13).
28. Portrait d'Ephraïm Bonus (B. 56). Trois pièces.

MELLAN (*Claude*).

29. Onze pièces diverses, y compris une copie. Cet article formera deux lots.

MASSON.

30. Cureau de la Chambre (Marin), d'après P. Mignard (R.-D. 24). Très belle épreuve du 1er état, avant des contretailles sur la joue gauche du personnage.
31. Harcourt (Henri de Lorraine, comte d'), grand écuyer de France (R.-D. 34). Très belle épreuve du 1er état.

NANTEUIL (*Robert*).

32. Anne d'Autriche, reine de France (R.-D. 23). Belle épreuve.
33. Baumanoir de Lavardin (Philibert-Emmanuel), évêque du Mans (R.-D. 34). Belle épreuve du 1er état. Vierge de marge.
34. Bosquet (François), évêque de Montpellier (R.-D. 44). Belle épreuve avec marge.
35. Guenault (François), médecin de la Reine (R.-D. 105). Très belle épreuve.

36. Hesselin (Louis), conseiller d'État (R.-D. 110). Belle épreuve du 1ᵉʳ état.

37. Le Masle (Michel), prieur des Roches (R.-D. 126). Belle épreuve du 2ᵉ état, avec l'année 1661.

38. Hugues de Lionne, secrétaire d'État (R.-D. 146). 1ᵉʳ état.

39. Estrées (César, cardinal d'), R.-D. 92). Epreuve vierge de marge.

40. Nemours (Henri de Savoie, duc de), R. D. 198). Très rare et fort belle épreuve du 1ᵉʳ état, avec l'année 1651. Elle a de grandes marges.

41. Nemours (Anne-Marie d'Orléans Longueville, duchesse de), (R.-D. 200).

42. Neufville (Ferdinand de), évêque de Chartres (R.-D. 203). Belle épreuve du 3ᵉ état, avec l'année 1658.

43. Chapelain (Jean), (R.-D. 60), Blondeau (François), (R.-D. 40). Louise-Marie de Gonzague, reine de Pologne (164). De Neufville (Ferdinand), évêque de Chartres (204). Sarrazin (Jean-François) (220). En tout cinq pièces.

44. Péréfixe de beaumont (Hardouin de), archevêque de Paris (R.-D. 214). Belle épreuve du 1ᵉʳ état, mais ayant quelques petites taches d'humidité.

45. Scuderi (Georges de), membre de l'Académie française (R.-D. 221), 1ᵉʳ état.

46. Voiture (Vinaut), membre de l'Académie française (R.-D. 234).

NORBLIN *(Pierre).*

47. Son œuvre, composée de 485 pièces en superbes épreuves tirées des planches à différents degrés d'avancement, parmi lesquelles il y en a plusieurs teintées par l'auteur, et d'autres sur papier de Chine, ce qui le rend le plus beau et le plus complet qui existe.

OSTADE (*Adrien Van*).

48. Son œuvre (les n°s 1 et 35 manquent), 51 pièces y compris une copie et une pièce attribuée.

PETHER (*William*).

49. Portrait de vieillard, la tête couverte d'un turban, d'après Rembrandt. Très belle épreuve avant la lettre ; les noms d'auteur et d'éditeur au pointillé.

RADEMAKER (*Abraham*).

50. Recueil de 300 dessins représentant les monuments des Provinces-Unies, publié à Amsterdam par Isaac Tirion. Belle épreuve ; ouvrage rare aujourd'hui.

REMBRANDT.

51. La Mort de la Vierge (B. 99).
52. Jésus prêchant, ou la petite Tombe (B. 67). Belle épreuve.
53. Le Bourgmestre SIX. (B. 285). Belle épreuve avec grandes marges ; elle porte, au verso, la signature de P. Norblin et la date 1771.

> NOTA. Son ancien propriétaire, P. Norblin a écrit à la plume la note suivante : *Cette estampe me coûte 25 louis d'or.*

RUYSDAEL (*Jacques*).

54. Trois paysages. La Grande Chaumière (Bartsch, n° 1); le Vieux Chêne (Bartsch, n° 2) ; la Chaumière sur un lieu élevé (B. 3). Ce lot sera divisé.

SAVART (*Pierre*).

55. François Rabelais. Belle épreuve.

SCHMIDT (*Georges-Frédéric*).

56. Le portrait du juif Hirsch Michel. Très belle épreuve avec de grandes marges.
57. La tête de Mme Karsch, en ovale.
— Présentation au Temple, d'après Dietrich. Belle épreuve.
— Agar présentée à Abraham, d'après le même. Belle épreuve.

VLIET (*Jean-Georges Van*).

58. Vieille femme lisant, d'après Rembrandt. (B. 18). belle épreuve.
59. Loth et ses Filles, d'après Rembrandt (B. 1).
60. Saint Jérôme, d'après Rembrandt (B. 13).
61. Sous ce numéro, beaucoup d'estampes qui seront vendues en lots.

3ᵉ Partie.

TABLEAUX

CASANOVA.

1. Un champ de bataille. A droite un cavalier, à gauche et dans le lointain, des soldats expirant. Charmant tableau, provenant du Cabinet de M. Sain.
2. Un choc de cavaliers. Vigoureuse esquisse du maître, pleine de mouvement et de lumière, provient du même cabinet.

NORBLIN (Jean-Pierre).

3. Sujet tiré de l'histoire de Télémaque. Premier prix de peinture de l'auteur.
4. Une foire en Pologne. Composition très animée, où se voient un grand nombre de figures spirituellement posées et exécutées. A droite un atelage, dans le fond des arbres indiquant une avenue.
5. Un Marché sur une place. Au fond, de vastes bâtiments; sur le devant, des attelages et des groupes nombreux.

4ᵉ Partie

LIVRES

1° Environ 600 volumes reliés et brochés, dont le Moyen Age et la Renaissance, 5 vol. in-4 avec grand nombre de figures noires et impr. en couleur. — L'Art de vérifier les dates, in-fol. — Les œuvres de Voltaire, Rousseau, Buffon, etc. Almanachs des théâtres. Almanachs des gourmands. — Victoires et Conquêtes des Français. — Biographie universelle, 6 vol. in-8, etc.

Quantité de bons ouvrages en langues polonaise et allemande.

AUTOGRAPHES

Environ 700 lettres autographes de personnages célèbres, parmi lesquels on remarque les noms suivants : Augereau,—Suchet d'Albuféra,—Fr. Arago,—d'Aguesseau, Bossuet,— Bourbon, prince de Condé,— Beaumarchais, —Buffon,—Boïeldieu,— Bernadotte,— Beethoven,— Bourgoin (Thérèse), — Bernardin de Saint-Pierre,— Napoléon Bonaparte, Bourienne, — Béranger, — Barras,— Boissy-d'Anglas,—Bernis, — Brillat-Savarin, — Bertrand (le général), — Princesse de Canino, — Charles VII.— Chérubini, — Cuvier,— Canova, — Duc de Guise,— Colbert,— Sébast. Leclerc, — Collin d'Harleville, — Charles X, — Contat (Louise), — Catherine II, — Châteaubriant,— Benjamin Constant, — Cochin (Ch. N.), Campenon, — Duchesnoy (mad^{lle}), — Désaugiers, — le maréchal Soult, — Duroc, — Dupuytren,— Donizetti,— Delambre.— Frédéric-Guillaume, — Fouquier-Thinville, — Grétry. — G. Saint-Hilaire, — Grafigny (madame de), — Gouvion-Saint-Cyr, — Girodet,—Habeneck, Halevy ,—Humboldt,—Harlay, —Hugo (Victor),— Junot,—Jourdan ,—de Jussieu,— Kellermann, — Kurpinsky,—Kléber,—Louis XI, — Lamoignon,— Louis XIV,— Louis XV,—Louis XVI,—Lamennais,—Lamartine(M. et Mme de),— List, — Louis XVIII, —Lafayette,—Lacordaire,— Louis-Philippe,—Montesquieu, — Marchangy.— Mars (mad^{lle}), — Masséna, —Meyerbeer, — Montmorency,—Méhul ,—Mickiewicz, —Mirabeau,—Manuel, — Moncey,— Marrast,—Nodier (Ch.),—Ney,— Neufchâteau (F. de), — Noblet (mad^{lle}) — d'Otrante (Fouché), — O'Méara, — Louis, duc d'Orléans,—Piccini,—de Quélen,—Regnard, — Rousseau (J. B.), — Rousseau (J. J.), — Royer-Collard,— Rouget de l'Isle, — duc de Richelieu. — Richerand, — Rossini, — Spontini,— Sacchini,— Staël,—Santerre,—

Schonen, — Soubise, — G. Sand. — de Sacy, — Stanislas Auguste, — Sieyès, — Sobrier, — Sébastiani, — Taglioni, — Talleyrand, — Talma, — Tulou, — Tallien (madame) (princesse de Chimay), — Vernet (C.), — Viotti, — Villeroy, — Voltaire, — Wille (peintre), Wille (graveur), Zaleski, etc.

AUTOGRAPHES COLLECTIFS

Comité de sûreté générale et de salut public, plusieurs pièces.

Académie et Conservatoire de musique, plusieurs pièces.

Comédie-Française, une pièce.

Institut de France, seize feuille de présence (an v).

Musique manuscrite et autographies des plus célèbres compositeurs.

5ᵉ Partie

CURIOSITÉS

Objets de curiosités, porcelaines de Chine et du Japon, verres de Bohême, vitraux, quelques armes anciennes, bois et ivoires sculptés, argenterie ancienne, faïences de Faenza, de Rouen, de Nevers, etc., parmi lesquelles on remarquera une aiguière et son plat, en étain, par Briot ;

deux grands et beaux vidercomes en cuivre allemand émaillé, deux gobelets à médaille en argent, un bas-relief, sujet saint en vermeil repoussé, un émail de Limoges, un instrument ancien appelé *Rebec*, et nombre d'autres objets.

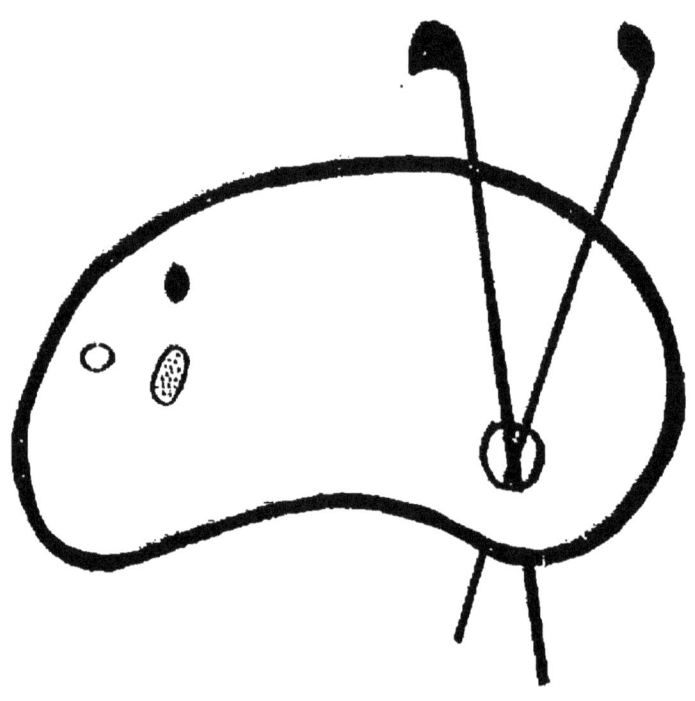

ORIGINAL EN COULEUR
NF Z 43-170-8

www.ingramcontent.com/pod-product-compliance
Lightning Source LLC
Chambersburg PA
CBHW060943050426
42453CB00009B/1117